Die schönsten Bastelideen für Kinder

EDITION
BÜCHERBÄR

Inhalt

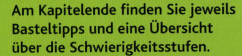

Am Kapitelende finden Sie jeweils
Basteltipps und eine Übersicht
über die Schwierigkeitsstufen.

Basteln mit Pappe

Basteln aus der Restekiste

Liebe Eltern, liebe PädagogInnen!

Basteln ist ganz einfach und macht großen Spaß!
Es ist spannend, zuzusehen wie nach und nach etwas Neues
entsteht – und wenn die Kinder zum Schluss stolz sagen können
„Das habe ich selbst gemacht!", ist das die größte Belohnung.
Basteln fördert zudem Kreativität, räumliches Vorstellungs-
vermögen, Wahrnehmungsfähigkeit und Feinmotorik –
das alles sind wichtige Voraussetzungen für den
späteren Schulerfolg.

In diesem Bastelbuch werden alle Arbeiten in fünf Schritten
und mit fünf Fotos erklärt. Die verwendeten Materialien sind
einfach zu besorgen, viele Dinge hat man bereits zu Hause.
Alle gezeigten Bastelarbeiten sind für Kinder ab 4 Jahren
geeignet. Da nicht alle Kinder gleich gut mit Schere und Papier
umgehen können, sind die Schwierigkeitsstufen gekennzeichnet:
Ganz einfache Basteleien haben einen Stern ★☆☆☆,
die schwierigsten haben vier Sterne ★★★★.
So erkennen Sie das Niveau auf einen Blick.

Viel Spaß beim Schneiden,
Kleben und Bemalen!

Basteln mit Papier

Drache

1 Zeichne die beiden Teile des Drachenkopfes auf grünes Tonpapier und schneide sie aus.

2 Male die Zähne mit weißem Buntstift an und das Gesicht mit schwarzem Filzstift.

3 Schneide die Zunge aus rotem Tonpapier und klebe sie unten an den Kopf. Falte die Zähne nach oben.

4 Klebe die beiden Teile des Drachenkopfes mit Klebeband an ein Ende der Girlande.

5 Schneide vier verschieden
lange Stücke Nylonfaden zu
und binde den Drachen
an den Schaschlikspieß.

Bewege die Stange
vorsichtig hin und her:
Hier steppt der Drache!

7

Malzimmer

Material

- Tonpapier (z. B. hellgrün, dunkelgrün, orange, lila, pink)
- quadratische Aufkleber (grün)
- Buntstift (weiß)
- dünner Filzstift (schwarz)
- Klebestift
- Schere
- Lineal

1 Falte das hellgrüne Tonpapier in der Mitte und schneide zwei Keile in ein Rechteck derselben Farbe. Stelle das Zimmer auf.

2 Klebe auf ein Rechteck aus lila Tonpapier die quadratischen Aufkleber als Fliesen. Lege es in das Zimmer. Das wird der Fußboden.

3 Für die Tafel klebst du auf ein Rechteck aus orangem Tonpapier ein kleineres grünes und zeichnest etwas sehr Einfaches darauf.

4 Schneide zwei verschieden breite Tonpapierstreifen zu. Falte die Enden des rosa Streifens um zu einem Tisch. Aus dem orangen machst du mit dreimal Falten einen Stuhl.

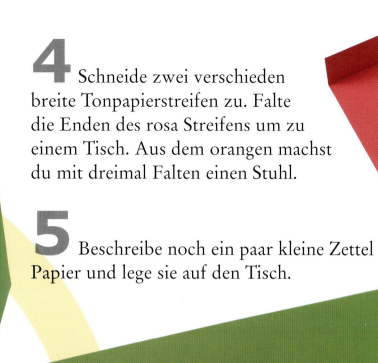

5 Beschreibe noch ein paar kleine Zettel Papier und lege sie auf den Tisch.

Alle Kinder lernen zeichnen und schreiben

Schale

Material

- Luftschlangen (gelb, lila, grün und rot)
- Klebestift
- Klarlack
- Pinsel

1 Rolle eine gelbe Luftschlange fest auf und klebe das Ende mit dem Klebestift fest.

2 Klebe das Ende einer lila Luftschlange an die gelbe und rolle die lila Luftschlange rund um die gelbe Scheibe auf.

3 Rolle eine grüne und schließlich eine rote Luftschlange fest um die Scheibe.

4 Arbeite so weiter, bis du einen Kreis in der richtigen Größe hast.

5 Drücke mit den Fingern den Kreis in der Mitte nach außen, bis die Wände der Schale so hoch sind, wie du sie haben willst. Überziehe sie mit Klarlack, damit sie hält!

Eine
ungewöhnliche
Schale!

11

Apfel

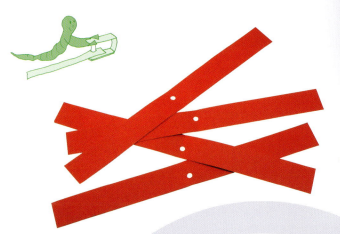

1 Schneide vier Streifen aus rotem Tonpapier zu und stanze in die Mitte ein Loch.

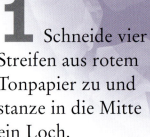

2 Stecke zusammengedrehtes oranges Krepppapier durch die Löcher und klebe es unten mit Klebeband fest.

3 Wenn du die Enden der roten Streifen mit Klebeband verbindest, erhältst du die Form des Apfels.

12

4 Zeichne auf grünes Tonpapier ein Blatt und schneide es aus.

5 Zeichne auf gelbes Tonpapier eine Raupe und schneide sie aus. Klebe das Blatt an den Stiel des Apfels und stecke die Raupe zwischen die Streifen.

Hier wohnt die Raupe!

15

Handpuppe

Material

- rote Papiertüte ohne Henkel
- Papier (grün, gelb, rot und hautfarben)
- Krepppapier (grün, orange und gelb)
- runde Aufkleber (gelb)
- Filzstift (schwarz)
- Klebestift
- Schere

1 Zeichne auf hautfarbenes Papier die Hände und das Gesicht der Puppe und schneide sie aus. Zeichne darauf Augen, Nase und Mund.

2 Zeichne das Kleid auf grünes Papier und schneide es aus. Verziere es mit runden gelben Aufklebern.

3 Schneide für die Beine zwei gelbe Streifen zu und verziere sie mit grünen und roten Streifen. Schneide aus rotem Papier Schuhe zu und klebe sie an.

14

4 Schneide drei Krepppapier-
streifen (grün, orange und gelb) zu
und flicht einen langen Zopf.

5 Klebe alle Teile der Puppe
auf eine Seite der Papiertüte,
sodass die Öffnung nach unten zeigt.

Stecke deine Hand
in die Tütenpuppe und
lasse sie sprechen!

Elefant

Material

- Tonpapier (grau und weiß)
- Krepppapier (orange)
- runde Aufkleber (rot)
- sternförmige Aufkleber (grün)
- Buntstifte (weiß und schwarz)
- Klebestift
- Schere
- Lineal

1 Zeichne ein Rechteck mit Schwanz und Hals auf das graue Tonpapier und schneide es aus. Schneide in den Schwanz Fransen.

2 Falte die Enden des Rechtecks um und male die Beine auf. Bemale auch die Fransen am Schwanz.

3 Klebe die umgefalteten Enden zusammen und schon steht der Elefant. Knicke den Schwanz einmal ein.

16

4 Zeichne den Kopf mit Ohren und Rüssel auf und schneide ihn aus. Zeichne das Gesicht und klebe auf der Rückseite zwei Stoßzähne aus weißem Tonpapier an. Klebe den Kopf an den Körper.

5 Schneide für die Decke ein Rechteck aus orangem Krepppapier zu, schneide ein paar Fransen ein und verziere es mit bunten Aufklebern.

Ein wunderschön geschmückter Elefant

Korb

Material

- Pappschachtel
- Krepppapier (blau, dunkellila und helllila)
- Tonpapier (helllila)
- Klebestift
- Schere

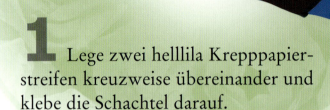

1 Lege zwei helllila Krepppapier-streifen kreuzweise übereinander und klebe die Schachtel darauf.

2 Schneide die überstehenden Enden in je vier schmalere Streifen.

3 Schneide Streifen aus blauem und dunkellila Krepp-papier zu, klebe jeweils den Anfang an die Schachtel und beginne zu flechten.

4 Knicke die überstehenden Streifen in die Schachtel, klebe sie fest und kleide das Innere mit Krepppapier aus, sodass ein sauberer Abschluss entsteht.

5 Bestreiche für den Henkel einen helllila Tonpapierstreifen mit Klebstoff und umwickle ihn mit Krepppapier in den drei Farben. Klebe ihn innen im Korb fest.

Ein Korb für
Blumen oder
kleine Geschenke

Omnibus

Material

- Tonpapier (rot, schwarz, gelb, grau und weiß)
- Papier (grün)
- Transparentpapier (orange)
- Filzstift (schwarz)
- Klebestift
- Schere
- Buntstift

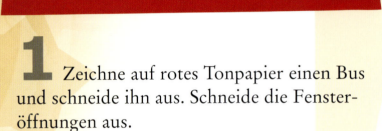

1 Zeichne auf rotes Tonpapier einen Bus und schneide ihn aus. Schneide die Fensteröffnungen aus.

2 Zeichne die Räder und Scheinwerfer auf, schneide sie aus und klebe sie auf. Schreibe das Nummernschild mit schwarzem Filzstift.

3 Lege den Bus auf weißes Tonpapier und zeichne mit Bleistift die Fenster an. Zeichne mit schwarzem Filzstift eine Figur in jedes Fenster.

4 Schneide die Straße aus grünem Papier, klebe weiße Streifen auf und befestige sie unten auf dem weißen Tonpapier.

5 Klebe ein Stück oranges Transparentpapier hinter den Bus. Klebe den Bus so auf das weiße Tonpapier, dass die Figuren genau in die Fenster passen.

Juhu, wir machen einen Ausflug!

Paradiesvogel

Material

- gummiertes Glanzpapier (orange, rot, lila und gelb) oder buntes Papier und Klebestift
- Schere
- Lineal

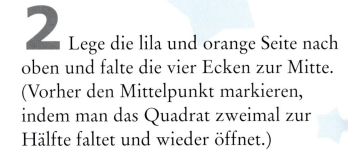

1 Schneide aus rotem Glanzpapier ein Quadrat aus. Klebe auf die glänzende Seite ein Dreieck aus gelbem Glanzpapier und auf die gummierte Seite je ein Dreieck aus lila und orangem Glanzpapier.

2 Lege die lila und orange Seite nach oben und falte die vier Ecken zur Mitte. (Vorher den Mittelpunkt markieren, indem man das Quadrat zweimal zur Hälfte faltet und wieder öffnet.)

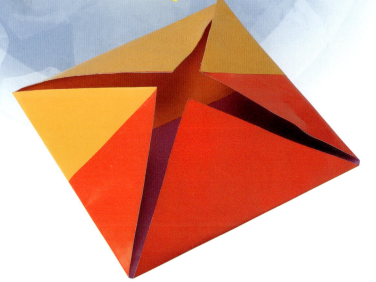

3 Drehe das Papier um und falte nochmals die Ecken nach innen.

4 Drehe es nochmals um und falte alles wieder ganz auf. Eine gelbe Ecke lässt du nach hinten gefaltet – sie ist der Schnabel. Falte jetzt die Mittelpunkte der Seiten zur Mitte des Blatts. Dabei entstehen drei Spitzen. Halte den Vogel an den lila-orangen Spitzen und klappe sie nach vorne Richtung Schnabel.

5 Klappe die Beine (orange) nach unten. Klappe die gelbe Ecke nach außen als Schnabel.

Kommt ein Vogel geflogen ...

Papiertheater

Material

- Tonpapier (hellblau und dunkelgrün)
- Papier (gelb, rot und hellgrün)
- Geschenkpapier mit Figuren (Tiere, Menschen, Blumen usw.)
- mehrere Eisstäbchen
- Klebestift
- Filzstift (schwarz)
- Locher
- Schere
- Lineal

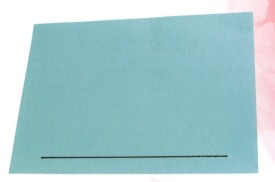

1 Zeichne unten auf das hellblaue Tonpapier eine Linie und schneide einen Schlitz hinein. (In den Schlitz kannst du nachher deine Tierfiguren stecken.)

2 Zeichne auf hellgrünes Papier Gras und schneide es aus. Klebe es unterhalb des Schlitzes auf das Tonpapier.

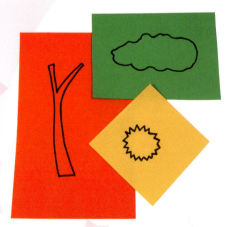

3 Zeichne auf rotes Papier den Stamm, auf grünes Tonpapier die Baumkrone und auf gelbes Papier die Sonne und schneide sie aus.

24

4 Schneide Blumen und Schmetterlinge aus dem Geschenkpapier aus und klebe sie in die Landschaft.

5 Schneide jetzt Tiere aus dem Geschenkpapier aus und klebe sie auf die Eisstäbchen. So kannst du sie durch den Schlitz im Tonpapier stecken und bewegen.

So viele Tiere im Dschungel!

★ ☆ ☆ ☆

Tröte

Material

- Tonpapier (weiß)
- Geschenkpapier
- Seidenpapier (orange)
- Pfeifchen (Spielwarenhandel)
- transparentes Klebeband
- Klebestift
- Schere
- Lineal

1 Zeichne einen Kegel auf weißes Tonpapier und schneide ihn aus.

2 Beklebe dieses Tonpapier auf einer Seite mit dem Geschenkpapier, das du dir ausgesucht hast.

3 Klebe die langen Seiten mit dem Klebestift zusammen. Befestige mit Klebeband das Pfeifchen fest in der kleinen Öffnung.

4 Schneide einen breiten Streifen oranges Seidenpapier zu und schneide Fransen hinein.

5 Befestige mit dem Klebestift den Seidenpapierstreifen innen an der weiten Öffnung des Kegels.

Eine lustige Tröte – genau richtig für dein Fest!

Tag und Nacht

Material

- Tonpapier (rot, schwarz, blau, hellgrün, dunkelgrün, gelb, rot und weiß)
- runde Aufkleber (weiß und gelb)
- sternförmige Aufkleber (gelb)
- Klebestift
- Musterklammer
- Schere bzw. Locher
- Lineal

1 Schneide unten aus zwei roten Tonpapierblättern ein kleines Rechteck. Schneide in ein Blatt außerdem ein rechteckiges Fenster.

2 Zeichne auf hellgrünes Tonpapier Berge, auf dunkelgrünes Papier das Gras und schneide alles aus. Klebe die beiden Stücke hinter das Fenster im roten Tonpapier.

3 Bastle jetzt kleine Häuser aus weißem, gelbem und rotem Tonpapier und klebe sie auf die Berge.

28

4 Schneide einen Kreis aus schwarzem Tonpapier aus und klebe darauf einen blauen Halbkreis. Klebe auf die schwarze Hälfte Mond und Sterne, auf die blaue die Sonne und eine Wolke. Stecke die Musterklammer in die Mitte.

5 Befestige den Kreis mithilfe der Klammer auf dem Tonpapier ohne Fenster, sodass die Scheibe unten durch das kleine Rechteck läuft. Klebe das andere Tonpapier so darauf, dass der Kreis sich noch drehen lässt.

Drehe den Kreis
und es wird Tag

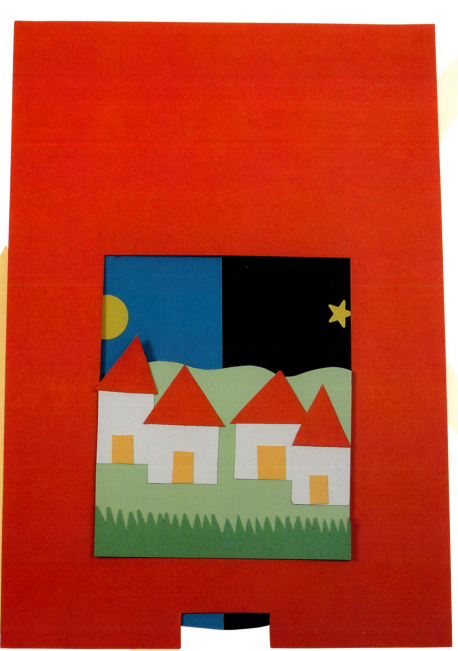

Schmetterling

Material

- Tonpapier (weiß, rot und gelb)
- Seidenpapier (orange, rot und lila)
- Transparentpapier (orange)
- Filzstift (schwarz)
- Klebestift
- Schere
- Klarlack
- Pinsel

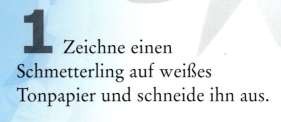

1 Zeichne einen Schmetterling auf weißes Tonpapier und schneide ihn aus.

2 Schneide zwei orange und zwei lila Seidenpapierstücke zu und klebe sie auf die Flügel des Schmetterlings.

3 Verziere die Flügel mit gerissenen Seidenpapierstücken und den Körper mit geschnittenen Streifen aus dem gleichen Papier.

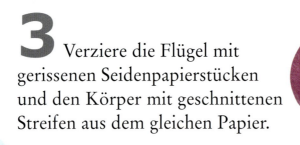

4 Schneide aus orangem Transparentpapier einen zweiten Schmetterling zu, etwas größer als den aus Tonpapier, und klebe ihn hinter den ersten.

5 Male auf einen Kreis aus rotem Tonpapier Augen und Mund und klebe Fühler aus gelbem Tonpapier auf. Klebe den Kopf an den Körper.

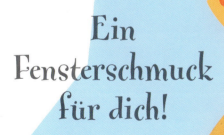

Ein Fensterschmuck für dich!

31

Überraschungskarte

1 Schneide einen Kreis (Gesicht) aus hautfarbenem Tonpapier und falte ihn in der Mitte und an den Seiten.

Material

- Tonpapier (pink, weiß und hautfarben)
- Papier (rot, lila und grün)
- Seidenpapiergirlande (orange)
- sternförmige Aufkleber (grün)
- Filzstift (schwarz)
- Buntstift (rot)
- Klebestift
- Schere
- Lineal

2 Zeichne auf rotes Papier die Lippen und die Nase eines Clowns, auf weißes den Mund und die Augen und schneide sie aus. Klebe alles auf das Gesicht und zeichne es mit schwarzem Filzstift und rotem Buntstift fertig.

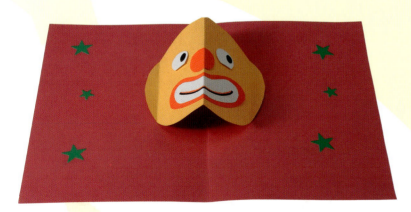

3 Falte das pinkfarbene Tonpapier in der Mitte und verziere es mit sternförmigen Aufklebern. Klebe die Seiten des Gesichts so auf, dass es genau in der Mitte liegt.

4 Schneide je einen Streifen aus lila und grünem Papier und falte sie zu einer Hexentreppe.

5 Klebe die Enden unter das Gesicht. Schneide zwei Stücke Seidenpapiergirlande zu und klebe sie als Haar an den Kopf.

 Klappe die Karte auf und … Überraschung!

Tipps zum Basteln mit Papier

Kann ich das?

- Die 14 Arbeiten, die wir in diesem Kapitel zeigen, sind sehr einfach. Aber manche sind noch einfacher als die anderen. Sehen Sie unten in der Tabelle nach, was für die Kinder am besten passt.
- Wenn Sie einmal nicht weiterwissen, orientieren Sie sich an den Fotos. Diese geben meist Hinweise, wie es weitergeht.

Was brauche ich?

- Es werden verschiedene Sorten Papier verwendet: Krepppapier, Seidenpapier, Transparentpapier, Geschenk-papier, und noch viel mehr. Wenn eine Sorte Papier fehlt, kann sie durch eine andere ersetzt werden.
- Die besten Ergebnisse erhält, wer auch mit eigenen Ideen experimentiert: Zeitungspapier statt weißes Papier, Motive aus Zeitschriften ausschnei-den statt aufmalen usw.

Noch ein Tipp?

- Alle Papiersorten lassen sich leich mit der Schere schneiden oder einfac reißen, Löcher kann man mit der Locher stanzen. Bei kleinen Öffnun gen (wie z. B. den Busfenstern) ode Schlitzen, braucht man eine spitz Schere und muss manchen Kinder noch helfen.
- Bei manchen Arbeiten ist ein Linea nötig, damit die Stücke genau gleic groß werden.

Für jedes Kind das Richtige: Übersicht über die Schwierigkeitsstufen

⭐	⭐⭐	⭐⭐⭐	⭐⭐⭐⭐
Drache	Malzimmer	Korb	Schale
Apfel	Handpuppe	Papiertheater	Paradiesvogel
Omnibus	Elefant	Überraschungskarte	
Tröte	Tag und Nacht		
Schmetterling			

Basteln mit Pappe

Biene

MATERIAL
- Karton (hellbraun)
- Wellpappe (schwarz und blau)
- Buntstifte
- Klebstoff
- Schere
- Locher
- Wolle

1 Zeichne den Körper der Biene auf den hellbraunen Karton und die Flügel auf die glatte Seite der blauen Wellpappe. Schneide die drei Stücke aus.

2 Male der Biene mit Buntstiften ein Gesicht.

3 Schneide Streifen aus der schwarzen Wellpappe und klebe sie auf beide Seiten des Bienenkörpers. Schneide ab, was übersteht.

4 Schneide noch zwei schwarze Streifen aus Wellpappe und klebe sie als Fühler an. Knicke die Klebestelle der Flügel um und klebe einen Flügel auf jede Seite des Körpers.

5 Stanze ein Loch in den Körper der Biene und knote einen Wollfaden daran fest.

Summ, summ, summ, die Biene summt herum!

Blumen

Material

- Eierkarton
- Pappe (grün bemalt)
oder Fotokarton (grün)
- Plaka-Farben (gelb, orange und weiß)
- mehrere Pinsel
- Schere

1 Schneide ein Fach aus dem Eierkarton.

2 Male es außen orange und innen gelb an.

3 Wenn die Farbe trocken ist, verzierst du das Fach mit Strahlen.

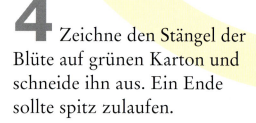

4 Zeichne den Stängel der Blüte auf grünen Karton und schneide ihn aus. Ein Ende sollte spitz zulaufen.

5 Stich unten in das Eier-Fach einen
Schlitz und stecke das spitze Ende des
Stiels hindurch. (Eventuell den Stiel unten
an der Blüte mit Klebeband festkleben.)

Bastle dir einen großen
Blumenstrauß!

Mappe

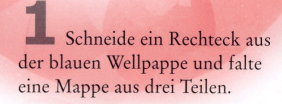

1 Schneide ein Rechteck aus der blauen Wellpappe und falte eine Mappe aus drei Teilen.

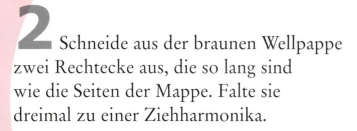

2 Schneide aus der braunen Wellpappe zwei Rechtecke aus, die so lang sind wie die Seiten der Mappe. Falte sie dreimal zu einer Ziehharmonika.

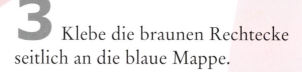

3 Klebe die braunen Rechtecke seitlich an die blaue Mappe.

4 Zeichne ein rotes und ein kleineres hellbraunes Herz auf und schneide sie aus. Klebe eins auf das andere.

5 Klebe die Herzen mitten auf den Deckel und klebe Klettband innen auf den Rand der Klappe und auf die Mappe, sodass du die Mappe verschließen kannst.

Ein schöner Platz für deine Zeichnungen

Pilz

Material
- Obstkarton
- lange Pappröhre (Küchenpapierrolle)
- Wellpappe (grün)
- Plaka-Farben (weiß und rot)
- Klebstoff
- Pinsel
- Schere

1 Schneide eine Vertiefung aus dem Obstkarton aus und male sie außen rot an.

2 Wenn die Farbe trocken ist, verzierst du den Hut mit weißen Tupfen.

3 Schneide für den Stiel ein Stück der Pappröhre ab und male es weiß an.

4 Schneide einen Streifen grüne Wellpappe mit einem welligen Rand zu und schneide den Rand hin und wieder ein. Es soll aussehen wie Gras.

5 Klebe an ein Ende der Röhre den Grasstreifen, auf das andere den Hut.

Ein Geheimversteck für deine kleinen Schätze

Geschenkanhänger

Material

- Pappe (blau, hellbraun und schwarz bemalt) oder Fotokarton (blau, hellbraun und schwarz)
- Tonpapier (weiß)
- Wellpappe (braun)
- Buntstifte (weiß und rot)
- Klebstoff
- Locher
- Lineal
- Schere

1 Zeichne die Form der Karte auf die blaue Pappe und die gleiche Form etwas kleiner auf den weißen Karton.

2 Schneide die beiden Formen aus und klebe die kleine auf die große. Stanze in ein Ende der Karte ein Loch.

3 Zeichne den Umriss eines Autos auf den braunen Karton und die Räder auf den schwarzen.

44

4 Schneide die Teile aus und klebe sie auf die Karte.

5 Schneide aus brauner Wellpappe einen dünnen Streifen zu und fädle ihn durch das Loch.

Fertig sind die Geschenkanhänger oder Namensschilder

Armbanduhr

Material

- Wellpappe (rot)
- Pappe (schwarz und hellbraun bemalt) oder Fotokarton (schwarz, hellbraun)
- Buntstifte (weiß und schwarz)
- Filzstift (schwarz)
- selbstklebendes Klettband
- Klebstoff
- Zirkel
- Schere

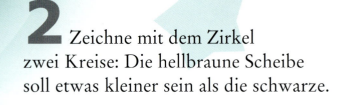

1 Schneide einen Streifen rote Wellpappe zu, der um dein Handgelenk passt (Armband).

2 Zeichne mit dem Zirkel zwei Kreise: Die hellbraune Scheibe soll etwas kleiner sein als die schwarze.

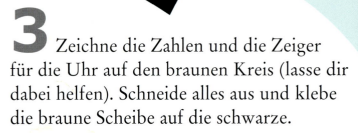

3 Zeichne die Zahlen und die Zeiger für die Uhr auf den braunen Kreis (lasse dir dabei helfen). Schneide alles aus und klebe die braune Scheibe auf die schwarze.

4 Klebe die Uhr in die Mitte des Armbands.

5 Klebe zwei Stückchen Klettband auf die Enden des Armbands, damit du die Uhr anziehen kannst.

Toll – deine erste Uhr!

★★★★

Ein Haus als Schachtel

Material
- dicke Pappe
- halber Eierkarton
- Wellpappe (rot und weiß)
- Plaka-Farben (grün, rot und gelb)
- transparentes Klebeband
- Pinsel
- Klebstoff
- Schere

1 Schneide die Ränder des halben Eierkartons ab und male ihn von außen rot an.

2 Zeichne Wände und Boden des Hauses auf die dicke Pappe, sodass die Wände so lang sind wie die Seiten des Eierkartons. Klebe die Wände mit Klebstoff auf. (Innen mit Klebeband sichern.)

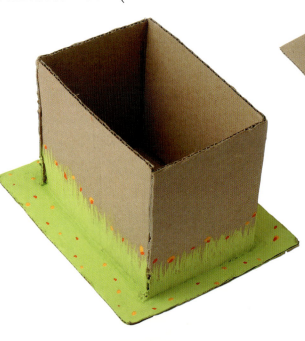

3 Verziere den Boden und die Wände mit Grün (Gras) und farbigen Punkten (Blumen).

4 Schneide aus roter Wellpappe die Tür und aus weißer Wellpappe die Fenster zu. Klebe sie auf das Haus.

5 Klebe das Dach (den roten Eierkarton) mit durchsichtigem Klebeband an einer langen Seite von innen und außen an das Haus.

Klapp auf –
klapp zu:
Hier kannst du
alles aufbewahren.

★★★☆

Löwe

Material

- Toilettenpapierrolle
- Pappe (dunkel-, hellbraun und schwarz bemalt)
  oder Fotokarton (dunkel-, hellbraun, schwarz)
- Buntstifte (rosa, schwarz und weiß)
- Klebstoff
- Schere

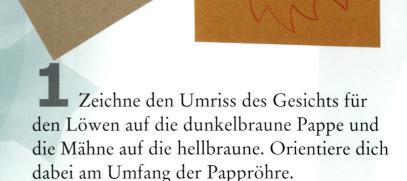

1 Zeichne den Umriss des Gesichts für den Löwen auf die dunkelbraune Pappe und die Mähne auf die hellbraune. Orientiere dich dabei am Umfang der Pappröhre.

2 Schneide die beiden Teile aus und klebe das Gesicht auf die Mähne. Schneide aus schwarzer Pappe eine Nase aus.

3 Male dem Löwen mit Buntstiften ein Gesicht und verziere die Spitzen der Mähne.

4 Schneide aus hellbrauner Pappe die vier Beine und den Schwanz des Löwen aus. (Verstärke die Beine eventuell mit einem zweiten Streifen.) Du kannst die Haare im Schwanz anzeichnen und die Spitze einschneiden.

5 Klebe alle Teile für den Löwen an die Papprühre: Kopf, Beine und Schwanz.

Ist das ein freundlicher Löwe?

Trommel

Material

- Ring aus fester Pappe
- Fotokarton (lila)
- Wellpappe (grün)
- Plaka-Farben (gelb, weiß und grün)
- Wäscheklammern
- Buntstift (weiß)
- Pinsel
- Klebstoff

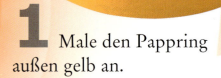

1 Male den Pappring außen gelb an.

2 Lege den Pappring auf den lila Karton und zeichne einen Kreis. Zeichne rundum Dreiecke ein. Schneide die Form aus.

3 Lege die lila Form auf den Pappring, falte die Dreiecke um und klebe sie fest. Du kannst sie mit Wäscheklammern festhalten, bis der Kleber getrocknet ist.

4 Verziere die fertige Trommel mit weißen und grünen Tupfen.

5 Für die Schlägel rollst du zwei lange Streifen grüne Wellpappe ein und verklebst sie gut.

Tock, tock, was sagen die Trommeln?

Das ist meine *Hand*

Material

- dicke Pappe (braun)
- Wellpappe (rot)
- Plaka-Farben (grün, rot, weiß, schwarz und orange)
- Pinsel und Schwamm
- Schere
- Klebstoff
- bei Bedarf Klebeband
- Buntstift (rot)

1 Zeichne den Umriss deiner Hand auf dicke Pappe und schneide ihn aus.

2 Male die Finger hellgrün an; sie stellen die Haare der Puppe dar.

3 Male Augen, Nase und Mund mit dem Pinsel und die Bäckchen mit dem Schwamm.

4 Schneide einen Streifen rote Wellpappe zu und klebe die Enden zu einem Ring zusammen, der auf deine Hand passt.

5 Klebe den Ring hinten fest auf die Papphand (du kannst mit etwas Klebeband nachhelfen).

Was für eine lustige Puppe!

Kladde

Material

- dicke Pappe
- Pappe (grün bemalt)
  oder Fotokarton (grün)
- Wellpappe (rot, gelb und orange)
- Klebstoff
- Filzstift (schwarz)
- Schere
- Lineal

1 Zeichne zwei Rechtecke auf die dicke Pappe und zwei weitere auf den grünen Karton.

2 Schneide die vier Stücke aus und klebe sie zwei und zwei zusammen.

3 Schneide einen breiten Streifen aus oranger Wellpappe zu und verbinde damit die Rechtecke; das wird der Buchrücken.

4 Zeichne einen Kreis auf die gelbe Wellpappe und je vier Blütenblätter auf die orange und die rote Wellpappe und schneide alles aus.

5 Klebe die Teile der Blüte mitten auf einen Deckel des Buches.

Ein Album für Bilder, Fotos und alles, was dir wichtig ist

Fallschirm

Material

- Toilettenpapierrolle
- Wellpappe (rot)
- Plaka-Farben (grün, rot, gelb und schwarz)
- Gummiband (rot)
- Klebstoff
- Filzstift (schwarz)
- mehrere Pinsel
- Schere

1 Schneide die Röhre so zu, dass ein Teil etwas größer ist als der andere. Steche ein Loch mitten in den größeren Teil (den Fallschirm).

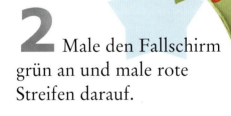

2 Male den Fallschirm grün an und male rote Streifen darauf.

3 Schneide zwei schmale Streifen roter Wellpappe zu, falte sie in der Mitte und klebe sie an die Enden des Fallschirms.

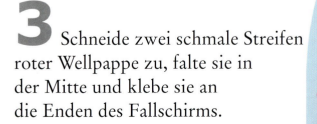

4 Zeichne auf den kleineren Teil der Pappröhre den Umriss einer Figur. Male sie an und schneide sie aus

5 Klebe die Figur an die Leinen des Fallschirms. Fädle das Gummiband zum Aufhängen durch den Schirm.

Fertig zum Absprung!

Schlange

Material

- Obstkarton (lila)
- kleines Stück Pappe (rot bemalt) oder Fotokarton (rot)
- Plaka-Farben (grün, weiß, orange, rot und schwarz)
- transparentes Klebeband
- Buntstift (weiß)
- Pinsel
- Schere

1 Schneide einen Streifen vom Obstkarton ab, sodass die Wellenform erhalten bleibt.

2 Verziere den Körper der Schlange mit Weiß und male die Augen auf das Ende, das der Kopf werden soll.

3 Male schwarze Pupillen auf und verziere die Schlange mit bunten Tupfen und Kreisen.

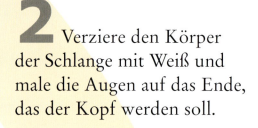

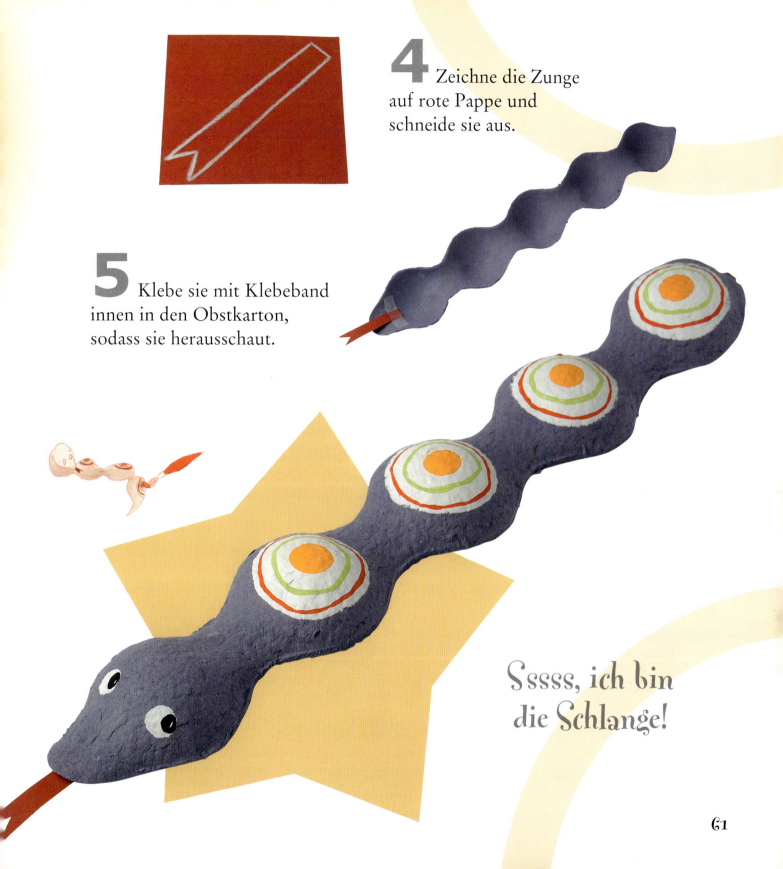

4 Zeichne die Zunge
auf rote Pappe und
schneide sie aus.

5 Klebe sie mit Klebeband
innen in den Obstkarton,
sodass sie herausschaut.

Sssss, ich bin
die Schlange!

Eselskarren

Material

- dicke Pappe (braun)
- Wellpappe (orange und braun)
- Pappe (schwarz bemalt)
  oder Fotokarton (schwarz)
- Buntstifte (weiß und schwarz)
- Klebstoff
- Schere

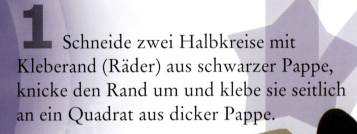

1 Schneide zwei Halbkreise mit Kleberand (Räder) aus schwarzer Pappe, knicke den Rand um und klebe sie seitlich an ein Quadrat aus dicker Pappe.

2 Schneide einen breiten Streifen aus oranger Wellpappe zu, knicke seitlich zwei Streifen ab (zum Ankleben) und klebe ihn als Plane oben auf das Pappquadrat.

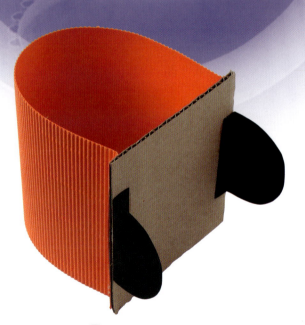

3 Schneide drei schmale Streifen aus brauner Wellpappe zu, zwei lange und einen kürzeren. Klebe die beiden ersten an die Plane und verbinde sie mit dem kurzen.

4 Zeichne den Körper und die Beine des Esels auf schwarze Pappe. Denke an kleine Einschnitte, um die Teile zusammenzustecken.

5 Male den Esel fertig, schneide die Teile aus und stecke sie zusammen.

Hüa, Eselchen!

Tipps zum Basteln mit Pappe

Kann ich das?

- Die 14 Arbeiten, die wir in diesem Kapitel zeigen, sind sehr einfach. Aber manche sind noch einfacher als die anderen. Sehen Sie unten in der Tabelle nach, was für die Kinder am besten passt.
- Wenn Sie einmal nicht weiterwissen, orientieren Sie sich immer an den Fotos. Die geben meist Hinweise, wie es weitergeht.

Was brauche ich?

- Das Material für diese Bastelarbeiten ist leicht zu bekommen. Pappe, Eierkartons und Schnur gibt es in jedem Haushalt, bunte Wellpappe im Bastelbedarf.
- Plaka-Farben, guten Klebstoff, Pinsel und eine Kinderschere sollten Sie im Bastelbedarf besorgen, die benötigen Sie bei allen Bastelarbeiten.
- Wenn trotzdem etwas fehlt, kann es durch Ähnliches ersetzt werden.

Noch ein Tipp

- Wenn Sie keinen farbigen Fotokarton kaufen wollen, können Sie dünne Pappreste einfach farbig bemalen.
- Bei manchen Arbeiten ist es wichtig genau auf die Größe der Teile zu achten, damit sie zusammenpassen, zum Beispiel beim Haus oder der Mappe.

Für jedes Kind das Richtige: Übersicht über die Schwierigkeitsstufen

⭐	⭐⭐	⭐⭐⭐	⭐⭐⭐⭐
Biene	Blumen	Mappe	Ein Haus als Schachtel
Pilz	Geschenkanhänger	Löwe	Eselskarren
Das ist meine Hand	Armbanduhr	Fallschirm	
Schlange	Trommel		
	Kladde		

Basteln aus der Restekiste

König

Material

- Plastikbecher
- Flaschenkorken
- Kordel (rot)
- Kronenkorken
- Stoffrest
- Plaka-Farbe (orange, rot, schwarz und weiß)
- Pinsel
- Klebstoff
- Schere

1 Schneide einen Streifen vom Stoffrest zu und klebe ihn auf den Plastikbecher.

2 Male das Gesich des Königs auf den Flaschenkorken.

3 Klebe den Korken auf den Stoff. Das wird der Kopf.

4 Drösele für Haare und Bart ein Stück rote Kordel auf.

5 Klebe den Bart und die Haare an den Kopf. Klebe darauf den Kronenkorken als Krone.

Gestatten,
Ihre Majestät der König!

Schweinchen

Material

- Toilettenpapierrolle
- Eierkarton
- 4 Flaschenkorken
- Plaka-Farbe (rosa, weiß und schwarz)
- Pinsel
- Klebstoff
- Schere

1 Schneide für den Kopf ein Teil des Eierkartons aus und lasse zwei Ecken als Ohren stehen.

2 Klebe den Kopf an die Rolle.

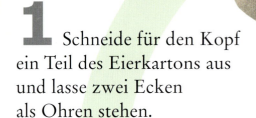

3 Klebe die Korken als Beine an die Rolle und ein Stück vom Eierkarton als Schwanz.

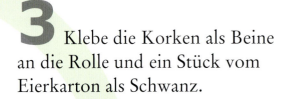

4 Male alles rosa an.

5 Male zum Schluss
Augen, Nase und Mund auf.

Oink, oink,
gib mir einen Namen!

Geldbörse

Material
- Getränkekarton
- selbstklebendes Klettband
- Hefter
- Schere

1 Falte den Getränkekarton auf und drücke ihn flach, lasse dir dabei helfen.

2 Schneide das untere und das obere Ende ab. Oben muss noch eine Lasche stehen bleiben.

3 Falte die Seiten des Kartons nach innen.

70

4 Knicke den Karton in der Mitte und hefte die zwei Hälften zusammen.

5 Klebe als Verschluss einen Streifen Klettband innen an die überstehende Lasche und den anderen Streifen auf die gegenüberliegende Seite.

Mit ein bisschen Spielgeld kann das Kaufladenspiel beginnen!

Kamel

Material

- Eierkarton
- Flaschenkorken
- 4 Wäscheklammern
- Plaka-Farben (orange, weiß, schwarz und rot)
- Pinsel
- Klebstoff
- Schere

1 Schneide zwei Teile des Eierkartons aus für die Höcker. (Lasse vorne eine kleine Lasche zum Ankleben für den Hals stehen.)

2 Klemme zwei Klammern an jeden Höcker. Das sind die vier Beine.

3 Schneide für den Hals den mittleren Streifen aus einem Fach des Eierkartons und klebe ihn als Hals an die Höcker.

4 Schnitze den Korken für den Kopf in Form (lasse dir dabei helfen). Schneide zwei Ohren aus dem Eierkarton und klebe sie an den Korken. Wenn der Klebstoff getrocknet ist, klebst du den Kopf an den Hals. Halte die Stelle eine Weile fest.

5 Bemale das Kamel orange und male Augen, Nase und Mund auf.

Ein „Wüstenschiff"

Raupe

Material

- 3 Toilettenpapierrollen
- 2 Kronenkorken
- Flaschenkorken
- Plaka-Farbe (rot, weiß, grün, orange und schwarz)
  (Besonders glänzend und robust
  ist auch Plaka-Lack.)
- Pinsel
- Hefter
- Klebstoff
- Schere

1 Schneide die drei Papprollen der Länge nach durch.

2 Hefte die sechs Stücke an den langen Seiten zusammen. (Lasse dir dabei helfen.)

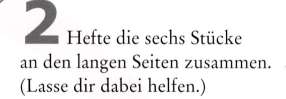

3 Male alles rot an. Wenn die Farbe trocken ist, verziere die Raupe mit grünen, orangen und weißen Streifen. Der erste Teil bleibt aber rot.

4 Klebe als Nase den Korken auf das rote Teil (Gesicht) und male die Spitze orange an. Male einen weißen Mund auf.

5 Male die Augen mit Grün und Schwarz in die Kronenkorken und klebe sie auf den Kopf.

Eine kunterbunte Raupe

Marienkäfer

Material

- Eierkarton
- Flaschenkorken
- Plaka-Farbe (schwarz, rot und weiß)
- Pinsel
- Klebstoff
- Schere

1 Schneide zwei Teile aus dem Eierkarton und schneide einen davon für die Flügel ein.

2 Male die Flügel rot an und den Körper schwarz.

3 Wenn die Farbe trocken ist, male schwarze Tupfen auf die Flügel und klebe sie auf den Körper. Halte sie eine Weile, bis der Klebstoff trocken ist.

4 Male auf das breite Ende des Korkens das Gesicht und klebe ihn an den Körper. Halte die Stelle eine Weile zusammengedrückt.

5 Schneide für die Fühler ein längeres Stück vom Eierkarton ab, male es schwarz an und klebe es auf den Kopf.

Gleich fliegt er weg!

Marionette

★★★☆

Material

- 2 verschiedene Plastikbecher
- 2 große Flaschenkorken
- Pappe
- Zeitschriftenpapier
- Schnur
- dünne Kordel (rot)
- Plaka-Farbe (schwarz, rot, orange und weiß)
- Pinsel
- Klebeband
- Klebstoff
- Dorn (um in Becher und Korken ein Loch zu bohren)
- Schere

1 Lass dir ein Loch oben in jeden Becher stechen. Verbinde die Becher mit dünner Schnur. Verknote ein Ende der Schnur, damit sie nicht herausrutscht.

2 Schneide zwei Kreise aus Pappe aus und male auf einen ein Gesicht. Klebe sie direkt über dem kleineren Becher von vorne und von hinten auf die Schnur.

3 Schneide aus Pappe je zwei gleiche Hände aus. Binde ein Stück rote Kordel um den Hals und klebe an den Enden wieder von vorne und hinten die Hände fest.

4 Lasse dir ein Loch in die Korken stechen. Drücke je ein Stück rote Kordel mit Klebstoff in die Korken. Klebe die Kordeln mit Klebeband innen in den Becher.

5 Schneide ein Stück Zeitschriftenpapier zu und klebe es als Haar über den Kopf.

Lasse die Puppen tanzen!

Nilpferd

Material

- Flaschenkarton
- Toilettenpapierrolle
- Plaka-Farbe (grau, schwarz, rot, orange, grün und weiß)
- Pinsel
- Schere
- Klebstoff

1 Schneide den Nilpferdkörper aus dem Flaschenkarton aus.

2 Schneide aus dem Flaschen-hals vier Beine, die Ohren und den Schwanz und klebe sie an den Körper.

3 Wenn der Klebstoff trocken ist, malst du das Nilpferd grau an.

4 Male die Augen, die Nase und das Innere der Ohren auf.

5 Schneide aus Pappe einen Vogel aus, male ihn bunt an und klebe ihn als Farbtupfer auf das Nilpferd.

Wir sind zwei Freunde!

81

Kreisel

Material

- 1 CD, die du nicht mehr brauchst
- Plaka-Lack (orange, rot und grün)
- Pinsel
- Zahnstocher
- Flaschenkorken
- doppelseitiges Klebeband

1 Male den inneren Ring der CD orange an.

2 Male grüne Zacken vom Rand bis zur Mitte der CD.

3 Male kleinere rote Zacken in die grünen.

4 Stecke einen Zahnstocher in den Korken und male diesen grün und rot an.

5 Klebe den Korken mit doppelseitigem Klebeband auf die CD.

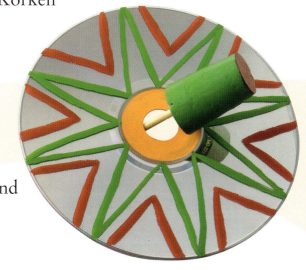

Sieh nur, wie sich der Kreisel dreht!

Feuerwehrmann

Material

- Plastikflasche
- Eierkarton
- altes Stromkabel
- Plastikfolie (rosa)
- Krepppapier (hellblau und dunkelblau)
- Seidenpapier (rot und orange)
- Knetmasse (schwarz, weiß und orange)
- Klarlack
- Plaka-Farbe (rot)
- Pinsel
- Klebeband (gelb)
- Klebstoff

1 Beklebe die Flasche mit rotem und orangem Seidenpapier und überziehe sie mit Klarlack. Lasse alles trocknen.

2 Forme Augen und Nase aus Knetmasse und klebe sie an den Verschluss der Flasche.

3 Schneide ein Stück rosa Plastikfolie zu und binde es um den Hals der Flasche. Das sind die Arme.

4 Schneide als Helm ein Fach aus
dem Eierkarton, male es rot an und
setze es auf den Verschluss der Flasche.

5 Klebe für den Schlauch mit Klebeband
blaues Krepppapier an das Kabel und lege es
um den Körper. Befestige die Arme
mit Klebefilm am Schlauch.

Achtung,
Wasser marsch!

Torten-Schachtel

Material
- Pappschachtel, rund
- Pappteller
- Plastikbecher
- Schraubverschluss aus Plastik (rot)
- Plaka-Farbe (rot, orange, braun, grün und weiß)
- Pinsel
- Zahnbürste
- Klebstoff

1 Male die Schachtel und den Teller rot an.

2 Male grüne, weiße und orange Streifen auf den Rand des Tellers. Nimm mit der Zahnbürste weiße Farbe auf und spritze weiße Tupfen darauf, indem du mit dem Daumen schnell über die die Bürste streichst.

3 Verziere die Seite der Schachtel mit weißen Zacken und orangen Punkten und spritze auch hier weiße Tupfen auf.

4 Male braune Streifen auf den Plastikbecher und male seinen Fuß rot an.

5 Klebe die Teile zusammen, mit dem Flaschenverschluss als Spitze.

Eine köstliche Schachtel!

Pinguin

Material

- Küchenpapierrolle
- Pappe
- Plaka-Farbe (orange und schwarz)
- Pinsel
- Bleistift
- Schere
- Hefter

1 Zeichne mit Bleistift den Kopf auf das obere Ende der Pappröhre und schneide ihn aus.

2 Schneide aus dem Rest der Röhre die Flügel und den Schnabel. Hefte die Flügel an den Körper und klebe den Schnabel in das Gesicht.

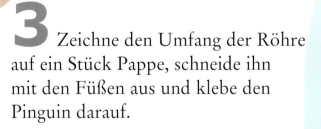

3 Zeichne den Umfang der Röhre auf ein Stück Pappe, schneide ihn mit den Füßen aus und klebe den Pinguin darauf.

88

4 Male den Pinguin schwarz an und lasse dabei den Bauch und das Gesicht frei.

5 Male den Schnabel und die Füße orange an.

„Ist das kalt hier am Südpol."

89

★★★★

Hubschrauber

Material

- Plastikbecher
- Pappe
- 2 flache Zahnstocher
- 2 Eisstäbchen
- Flaschenkorken
- Stoffrest
- Plaka-Farbe (grün und rot)
- Pinsel
- Klebstoff
- Klebeband
- Schere

1 Schneide ein Stück Stoff zu und klebe es als Fenster auf den Becher.

2 Schneide für die Kufen des Hubschraubers je drei Stücke stabile Pappe zu, klebe sie zusammen und bemale sie mit grünen und roten Streifen.

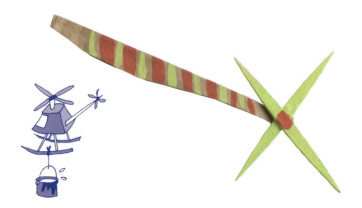

3 Schneide für das Heck einen Pappstreifen zu, klebe zwei Zahnstocher als Propeller kreuzweise auf das Ende und male alles rot und grün an.

4 Klebe Kufen und Heck an den Becher. Die Kufen werden mit Klebeband befestigt, das Heck in einen kleinen Schlitz im Becher gesteckt. Lasse dir dabei helfen.

5 Klebe für die Rotorblätter zwei Eisstäbchen kreuzweise auf einen Flaschenkorken, male alles rot und grün an. Wenn sie trocken sind, klebst du sie auf den Hubschrauber.

Ein superschneller *Hubschrauber*

Eine Uhr zum Spielen

Material

- Pappteller
- Pappe
- Flaschenkorken
- Musterklammer
- Plastiktüte (orange)
- Plaka-Farbe (grün, rot, orange, lila und weiß)
- Pinsel
- Zahnbürste
- Klebeband
- Schere

1 Male den Teller grün an.

2 Spritze mit der Zahnbürste Tupfen in verschiedenen Farben auf den Teller, in der Mitte etwas dichter. Kennst du schon die Zahlen? Male sie auf.

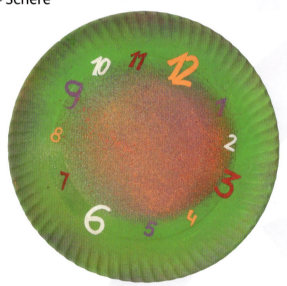

3 Schneide für die Zeiger zwei Pfeile aus Pappe aus, den einen etwas größer, und male schwarze Streifen darauf. Steche in das gerade Ende der Zeiger ein Loch.

4 Befestige die Zeiger mit einer Musterklammer in der Mitte der Uhr und verziere sie mit einem kleinen Korken.

5 Klebe den Henkel einer Plastiktüte hinten auf die Uhr, um sie aufzuhängen.

Wie viel Uhr ist es?

Tipps zum Basteln aus der Restekiste

Kann ich das?

- Die 14 Arbeiten, die wir in diesem Kapitel zeigen, sind sehr leicht. Aber manche sind noch leichter als die anderen. Sehen Sie unten in der Tabelle nach, was für die Kinder am besten passt.
- Wenn Sie einmal nicht weiterwissen, orientieren Sie sich immer an den Fotos. Die geben meist Hinweise, wie es weitergeht.

Was brauche ich?

- Für diese Bastelarbeiten kann man sich im Haushalt bedienen: Joghurtbecher, Verpackungen und Eierkartons, Safttüten, Schnur und Stoffreste usw.
- Die besten Ergebnisse erhält, wer mit eigenen Ideen experimentiert: Aus der Pralinenverpackung wird ein Boot, aus dem Joghurtbecher ein Hut für eine Puppe.

Noch ein Tipp?

- Um auf Plastik zu malen, brauche Sie Plaka-Farbe, noch besser häl Plaka-Lack oder Permanent-Marker Man kann auch bunte Aufkleber verwenden oder die Sachen mit Karto oder Stoff bekleben.
- Zum Kleben von Pappe oder Plastik verwendet man am besten ein flüssigen Alleskleber. Besonder: praktisch ist doppelseitige Klebeband.

Für jedes Kind das Richtige: Übersicht über die Schwierigkeitsstufen

⭐	⭐⭐	⭐⭐⭐	⭐⭐⭐⭐
König	Schweinchen	Geldbörse	Kamel
Raupe	Marienkäfer		
Nilpferd	Kreisel	Marionette	Hubschrauber
Torten-Schachtel	Pinguin		
	Eine Uhr zum Spielen	Feuerwehrmann	

Die Originalausgabe erschien 2005 unter dem Titel
„Manualidades en 5 pasos: Papel / Cartón / Reciclaje"
Autorin: Anna Llimós
Fotografien: Nos & Soto
© Parramón Ediciones, S.A., Ronda de Sant Pere, 5, 4ª planta,
08010 Barcelona, Spanien – World Rights

In neuer Rechtschreibung
1. Auflage 2007
© für die deutsche Ausgabe bei
Edition Bücherbär im Arena Verlag GmbH,
Würzburg 2007
Logo Pelikan und Produktfotos Pelikan © Pelikan Vertriebsgesellschaft mbH & Co KG

Aus dem Spanischen von Susanne Bonn

ISBN 978-3-401-09042-9
Printed in China

www.arena-verlag.de

Lustige Punkt-zu-Punkt-Bilder
zum Ausmalen
Mit Maltipps von Pelikan

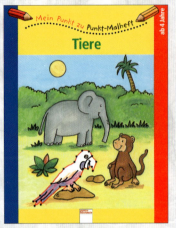

Punkt für Punkt verbunden ergibt sich das Motiv und zum Schluß wird die Seite bunt gemalt.

Wer hat sich da im Dschungel versteckt? Ist es die Giraffe, ein Löwe oder ein kleiner Affe?

ISBN 978-3-401-08787-0

Was steht dort an der Ampel?
Womit spielen die Kinder?
Und wer ist heute zu Besuch?

ISBN 978-3-401-08788-7

Was macht der Bauer im Stall?
Was fehlt da am Traktor?
Und wo hat das Lämmchen seine Mutter verloren?

ISBN 978-3-401-08838-9

Was wird hier gebaut?
Wer arbeitet in der Baugrube?
Und was fehlt da am Bagger?

ISBN 978-3-401-08839-6

Jeder Band:
32 Seiten. Geheftet.

www.arena-verlag.de

EDITION BÜCHERBÄR